فتحي ساسي

ويسهر اللّيل على شفتي... والغمام

Fethi Sassi

Edited by Fethi Sassi
Typeset by Tendai R Mwanaka

Mwanaka Media and Publishing Pvt Ltd,
Chitungwiza Zimbabwe

*

Creativity, Wisdom and Beauty

Publisher: Tendai R Mwanaka
Mwanaka Media and Publishing Pvt Ltd *(Mmap)*

1

24 Svosve Road, Zengeza 1

Chitungwiza Zimbabwe

mwanaka@yahoo.com

www.africanbookscollective.com/publishers/mwanaka-media-and-publishing

https://facebook.com/MwanakaMediaAndPublishing/

Distributed in and outside N. America by African Books Collective

orders@africanbookscollective.com

www.africanbookscollective.com

ISBN: 978-1-77929-603-0

DISCLAIMER

All views expressed in this publication are those of the author and do not necessarily reflect the views of *Mmap*.

mwanaka13@gmail.com

East Africa and Swahili Literature: Dr Wanjohi wa Makokha
makokha.justus@ku.ac.ke

East Africa English Literature: Andrew Nyongesa
nyongesa55.andrew@gmail.com

East Africa and Children Literature: Richard Mbuthia
ritchmbuthia@gmail.com

Legal Studies and Zimbabwean Literature: Jabulani Mzinyathi
jabumzi@gmail.com

Economics, Development, Environment and Zimbabwean Literature: Dr
Ushehwedu Kufakurinani **ushehwedu@gmail.com**

History, Politics, International relations and South African Literature:
Antonio Garcia **antoniogarcia81@yahoo.com**

North African and Arabic Literature: Fethi Sassi
sassifathi62@yahoo.fr

Gender and South African Literature: Abigail George
abigailgeorge79@gmail.com

Francophone and South West African Literature: Nsah Mala
nsahmala@gmail.com

West Africa Literature: Macpherson Okpara
chiefmacphersoncritic@gmail.com

Media studies and South African Literature: Mikateko Mbambo
me.mbambo@gmail.com

الفهرس

0

مقدّمة

حين يبدأ الشّاعر فتحي ساسي في جمع أجنحته، نلمح عددا
لا متناهيا من الأجنحة المعدّة للطّيران، هو حتما لا يستطيع
الطّيران بل يأخذ عادة زوجين ويترك العنان لمخيّلته المتدفّقة
بهواجس الكتابة. ثمّ يملأ معجمه بشتّى العبارات والكلمات
الّتي تحيله مستحيلا أمام شعريّة الحبّ والطّبيعة يحاول
داخلها أن يبتعد قدر الإمكان عن أحلام طاغور وإليوت
راسما طريقا خاصّا به. هو يكتب الحبّ على طريقته دون
عناء أو تكلّف، لا يجري وراء العبارات بل يتركها تنساب
خلفه هاربة من طيّ الكتمان والنّسيان داخل قلوب العاشقين

هكذا تعوّد الشّاعر فتحي ساسي مداعبة لحظاته الشّعريّة الهاربة... يقف على حافة ماء العبارة ويرمي صنّارته في أعماق المعاني جارفا كلّ ما بقي من أشكال الإثارة، معلّقا إياها بطرف صنّارته قبل أن يرميها في حضن القصيدة لتتساقط رذاذا محموما في كلّ مكان، فتنثر بقعا لقصائد جميلة تدعو القارئ بلطف للطّيران هناك حيث يبدأ كلّ شيء وينتهي كلّ شيء. ويبقى في حالة دهشة ينتظر الطّيران من جديد لمناطق أكثر إغراءًا.

وَيَسْهَرُ اللّيْلُ عَلَى شَفَتِيِ...

وَالغَمَامُ

شعر

الإهداء

إنَّ الفَنَّ ليْسَ الحَقِيقَة، إنّهُ كِذْبَةٌ تَجعَلنا نُدْرِكُ الحقِيقَة.

(بيكاسو)

تصدير

أَلَمْ يَحِنْ لِهَذِهِ القَصَائِدِ أَنْ تَنَامَ ؟

ضَفَائِرُ النَّهَارِ

وَحْدِي...

دَخَلتُ لَيْلَهَا، وَأَشعَلتُ حَرَائِقَ المُنَى

مِنْ ضَفَائِرِ النَّهَارِ .

هَكَذَا هُنَّ

النِّسَاءُ الجَمِيلاَتُ،

عَادَةً يَضَعْنَ وَردَةً عَلَى حَافَةِ القَلبِ،

ثُمَّ يَرحَلنَ كَلَيْلَةٍ مَاطِرَةٍ ....

أصَابِع الغِيَابِ

مَا هَذَا الَّذِي يمضِي بِكِ بَعِيدًا ؟

لأبقَى وَحِيدًا....

أعُدُّ أصَابِعَ الغِيَابِ.

مَسافَاتٌ

هَذِهِ....

المسَافَةُ التِي تَفْصِل نَهدَيْكِ الظَّالمِيْنِ

أطوَلُ....

مِنَ المسَافَةِ بَينَ الأرْضِ والقَمَرِ.

بَيَاض

عِنْدَمَا أَنَامُ، أَحْلمُ أَنّكِ تَطِيرينَ مَعَ قَوْسِ قُزَحٍ،

لتُطَرِّزي بيَاضَ الذَّاكِرَةِ...

مَطَرٌ

إنْ أمطَرتْ، سَأضَعُ قَصِيدَةً

عَلَى رَأسِي....

كَيْ لاَ تُبَلّلِنِي الكَلمَاتُ.

الطَّبيبُ

عِندَمَا مَرضَتِ القَصِيدَةُ،

عَادَهَا الطَّبِيبُ....

وأكّدَ أنهّا تمرُّ بحَالَةِ عِشْقٍ قَاتِلةٍ.

لِرَحِيلِهَا فَقَطْ

ذَاتَ المَكَانِ حَيْثُ

التَقَيْنَا.....

بَكَى عِنْدَ رَحِيلِكِ.

قَارُورَةٌ

مِنْ قَارُورَةِ الغِوَايَةِ،

أَذْرُفُ شَهقَةَ الانتِظَارِ وَفِي كُهُوفِ اللّذةِ

أَشْعِلُ سَرِيرَهَا شَبَقًا...

مَاءُ القَمَرِ

بِمَاءِ القَمَرِ،

كَحَّلتُ عَينَيْكِ....

ثُمُّ تَركتُ وَجهَكِ للصُّدفَةِ.

مَجَرَّةٌ يَتِيمَةٌ

أَخْتَرِعُ أَجْنِحَةً جَمِيلَةً لِهَذِهِ المَجَرَّةِ اليَتِيمَةِ،

أَلْهُو بِهَا دُونَ أَحْلَامٍ...

حَيرَةٌ

حِينَ أطرَدْتُ أصَابِعِي،

كَانَتْ الشَّمْسُ تُبَلِّلُ قَدَمَيها في حَيرَةِ اللَّيْلِ.

مَوَاقِعُ

تَجَاعِيدُكِ تُحَدِّدُ لِي مَوَاقِعَ النُّجُومِ،

أَمَّا خَدَّاكِ فَيُحَدِّدَانِ مَوَاقِعَ بُرْجِ الجَوزَاءِ،

أَمَّا شَفَتَاكِ... مَوَاقِعُ لِلقُبَلِ.

أَلْوَانٌ

كلَّ لَيْلةٍ تَجْتَمِعُ النُّجُومُ في عَيْنَيْهَا،

كيْ تَعُدُّ أَلْوَانَ الصَّبَاحِ...

تَمَنٍّ

ليْتَ الشَّمْسَ تَسرُقُ مِنْ خَدَّيكِ،

كيْ يحْمَرَّ الشَّفَقُ أكْثَرَ...

مِزَاجٌ

البَحرُ هَادِئُ المزَاجِ هَذَا الصَّباح،
فَلِمَ يَنتَابُهُ شَللُ النُّعَاسِ...؟

أحبّكِ

أنَا لمْ أعُدْ لأقُولَ لكِ:أحِبُّكِ،

كلُّ مَا في الأمْرِ أنّني نسَيْتُ أنَامِلِي بَينَ أصَابِعكِ.

للخريفِ

يَذرُفُ الخَريفُ دُمُوعَهُ الأولَى،

قبّلِيهِ...

قَبلَ أنْ يحزَنَ.

للبَغَايَا

سَأقِيمُ قُصُورًا للبَغَايَا،
لتَنَامَ الرَّغبَةُ في سَلاَمٍ،
وأَحفَظُ مَاءَ الحكَايَةِ....

سَهوًا

قُولُوا لهَا :

إنْ رَحَلتِ، سَأسْكُنُ سَهوًا في البَيَاضِ

....

لقاءٌ

كلّمَا التقَينَا تحتَ المطَرِ

....

سَالَ عِشقُنَا جدَاولَ مِنَ الشّعرِ.

الطِّفلُ

لَم كلَّمّا أَسَدَلَ اللَّيْلُ شَعْرَهُ،

تَدَفّقَ مِنَ الغَيمِ طِفْلٌ...

يَتَهَجَّى قَصِيدَةً ؟

طَرْدٌ

لَسْتُ أَدْرِي.....

كَيْفَ طَرَدَنِي الحَنِينُ،

وَخَرَجتُ مِنْ أَنْدَلُسِ عَيْنَيْكِ !!

اقتِرَاحٌ

أخْطِفُ نَجمَةً مِنَ السَّمَاءِ.

أضَعُهَا بَينَ نَهدَيْكِ،

كيْ أُضِيءَ الماءَ ...

الأنَامِلُ المُرتَعِشَةُ

فِي الظَّلاَمِ الدَّامِسِ،

حَمَلَ القَمَرُ أنَامِلَهُ المرْتَعِشَةَ،

وَوَضَعَ عَلى طَاوِلَةِ الشَّمْسِ نَجمَةً ....

حِكَايَةٌ

حِكَايَةُ العِطرِ الّذِي هَرَبَ مِنْ خَدِّهَا،

سَأرْوِيهَا ذَاتَ يَومٍ ....

خَوفٌ

تَتَراشَقُ قُبُلاتُنَا خَوفًا مِنَ الحَاسِدِينَ،

فَيَسقُطُ القَمَرُ مَغْشِيًّا عَلَيْهِ....

نَبضٌ

أيَّتهَا الجمِيلَةُ ....

هَلْ تَعْلمِينَ أنَّ قَلبَ الأرْضِ يَتوَقَّفُ عَنِ النَّبضِ؟

حِينَ أَهمِسُ في أذُنَيكِ.

تَفَاصِيلُ

تَخَفَّفِي مِنْ تَفَاصِيلِكِ الصَّغِيرَةِ،

كَيْ أَتَحَسَّسَ طَرِيقِي...

الجَرِيحُ

لَمَ ذِكراكِ تَختَرِقُ مَسَامَاتي،

فَأسقُطُ كَالجَرِيحِ...؟

ضِيَاءٌ

كَم أخَافُ العَتَمَةَ يَا حَبِيبَتي !

فَأشعِلِي أنَامِلَكِ....

لأُضِيءَ لَيْلَ القَصِيدَةِ .

قُبْلَةٌ وَاحِدَةٌ

سَأَسْرِقُ مِنْ شَفَتَيْكِ قُبْلَةً وَاحِدَةً،

فَاتِحَةً لِكُلِّ قَصَائِدِي.....

غَبَاءٌ

حِينَ دَخَلتُ جَسَدَهَا الموغِلَ

فِي العِشْقِ....

فَهِمْتُ أنَّ "كرِيستُوفْ كُولومْبْ" كَانَ غَبِيًّا.

غُبَارٌ

.

أُكتُبُ ....

فيَسِيلُ الحِبرُ عِطرًا،

عَلى غُبَارِ اسمِكِ.

حَقِيبَةٌ

بكِلِّ بَسَاطَةٍ،

اشْتَهِي أنْ التَقِطَ نجمَةً

مِنَ السَّمَاءِ....

وأضَعُهَا في حَقِيبَتِكِ.

مَملَكَةٌ

أعْطِني مُتَّسَعًا عَلى شَفَتَيْكِ،

لأقِيمَ مملَكَةً للقُبَلِ ....

نَخْلَةٌ

عَادَةً.....

تَنْبُتُ في عَيْنَيْهَا نَخْلَةٌ ،

كيْ يَتَظَلَّلَ العَاشِقُونَ.....

هَجْرٌ

قَمَرٌ بَاهِرٌ هَذِهِ اللّيلَةَ،

لَمْ يجِدْ مُتَّسَعًا في السَّمَاءِ....

فَهَاجَرَ إِلَى عَينَيهَا.

عَزَاءٌ

لاَ عَزَاءَ لِلشُّعَرَاءِ,

هُمْ هَكَذَا يَمُرُّونَ خِلسَةً خَلفَ الغَيمِ,

لِيمْطِرَ لِيلُ الكَلاَمِ....

رُؤْيَةٌ

هَلْ رَأَيْتِ مَا أَرَى؟

إِنِّي أَرَى أَحَدَ عَشَرَ قَمَرًا،

واللَّيْلُ الجَمِيلُ في عَيْنَيْكِ.

حَمرَاءُ

قبَّلتنِي...

وَترَكَتْ بُقَعًا حَمرَاءَ عَلَى خَدِّي،

ليْلاً يَقتَدِيَ بهَا العَاشِقُونَ .

شَلّالاتٌ

عَلَى وَجهِكِ تَسقُطُ

شَلّالاتٌ مِنَ الشِّعْرِ

....

سُؤَالٌ

دَائِمًا أَسْأَلُ نَفْسِي:

هَلْ يَعْطَشُ المَاءُ ؟

غُيُومٌ

حِينَ تَتَثَاءَبُ النُّجُومُ،

يَجْرِي الغَيمُ إلى فِرَاشِهِ....

غِنَاءٌ

غَنَّتْ ....

فَلَمَحْتُ غَمَامَةً تَسقُطُ مِنْ صَوتِهَا.

أَصَابِعُ

مَازِلْتُ أَلْعَقُ أَصَابِعِي كُلَّ صَبَاحٍ،

وأَتَرَدَّدُ أَلْفَ مَرَّةٍ قَبْلَ أَنْ أَغْمِسَ الرِّيحَ

في يَدَيكِ..

قَصَائِدُ

بَيْنَ عَيْنَيْكِ، تَسْكُنُ قَصَائِدُ

كُلِّ الشُّعَرَاءِ.....

عُطُورٌ

هَلْ لَكِ قَلِيلٌ مِنَ العِطْرِ،

لِتَسْكَرَ هَذِهِ الوَردَةُ !

تجَاعِيدٌ

القُبْلةُ الّتِي أهْدَيتُكِ إيَّاهَا،

سَقَطَتْ بَينَ أنامِلِي، وأَنبَتَتْ ربيعا بَينَ تَجَاعِيدِ

يَدِي...

شُرفَةٌ

اللّيلُ الّذي أشْعَلَ حَرَائِقَ في عَينَيكِ،

فَتَحَ شُرفَةً نَحوَ فَجرٍ جَديدٍ ...

مَصَابِيحُ

كُلُّ المَصَابِيحِ المُشْتَعِلَةِ في عَيْنَيْكِ،

ظِلَالٌ لأَبَدِيّتِي..

حَنِينٌ

كلّمَا اشتَدَّ بي الحنِينُ إليهَا،

أشعَلتُ البَيَاضَ...

أنتِ

مَدِينةٌ أنتِ بِحَالِهَا،

لَقَدْ قَضَيتُ طفُولتِي، مُثقلًا

في أزِقَّةِ وَجهِكِ

.....

69

لَيْلٌ

الشَّامَةُ المَعَلَّقَةُ عَلَى خَدِّهَا ،

لَيْسَتْ إلاَّ.....

بَقَايَا شُمُوعٍ تَائِهَةٍ في لَيْلِ العَتَمَاتِ.

أُوْرَاقٌ

اللَّيْلُ يُبَلِّلُ شَفَتِي بِأُورَاقِ النَّدَى،

فَتَتَسَاقَطُ ثِمَارُ القَصِيدَةِ سَكْرَى

..

تحرّكٌ

فِي الضِفَّةِ الأخرَى مِنَ القَصِيدَةِ،

كانَتْ تتَحَرَّكُ غيمَةٌ عَلَى أصَابِعِهَا ...

الغُمَّيضَةُ

الشَّمسُ تلعَبُ الغُمَّيضَةَ،

وَتُغمِضُ عينَيهَا، كَيْ لاَ تَرى الغَيمَةَ

تُقَبِّلُ حَبِيبهَا....

غَرَقٌ

أَنْظُرُ إلى المِرآةِ ...

أرَى وَجهِي قَادِمًا مِنْ بَعِيدٍ،

أرسُمُ عَليْهِ جِبَالاً وَبحَارًا .

أرتَمي في البَحْرِ، ثُمَّ أغرِقُ.

فتنة

عِندَمَا غَادَرَتِ المَقهَى نَسِيَتْ فِتنَتَهَا

عَلى الطَّاوِلةِ

....

عَنَاءٌ

تَرغَبُ الشَّمسُ الدُّخُولَ إِلَى غُرْفَتِي،

لِتَرْتَاحَ مِنْ عَنَاءِ السَّفَرِ ...

سَنَابِلُ

تَستيَقِظُ الشَّمْسُ بَاكِرًا لتَمشُطَ شَعرَهَا،

وَتُلقي بِحَبَّاتِ الضِّيَاءِ،

إلَى سَنَابِلِ الغُرُوبِ...

رَذَاذٌ

القُبُلاتُ الَّتِي نَثَرْنَها عَلَى قَهوَتِنا،

تَسَاقَطتْ رَذَاذًا خَفِيفًا ....

شِتَاءٌ

مَا أَجْمَلَ هَذَا الشِّتَاءَ !

لَقَدْ جَاءَ هَاطِلاً بِكِ..

خَطَأ

أُحِبُّكِ ..

لكِنِّي ...... أَرتَكِبُكِ دَائِمًا.

قِطَارٌ

مَازِلتُ أنتَظِرُ القِطَارَ،

......

حَتَّى أغَادِرَ هَذِهِ القَصِيدَةَ.

حَلَمَاتٌ

قبّلتُهَا، فَتَسَاقَطَتْ حَلَمَاتُهَا،

خِفتُ أَنْ يَنزِلَ الحَمَامُ.... وَيَلتَقِطَهَا .

رَحِيلٌ

كَلَيْلٍ مُكتَنزٍ بِالذَّاكِرَةِ،

أرْحَلُ نَحوَ المتَاهِ،

وَلنْ أعُودَ ..

خَلفَ البَابِ

خَرَجتُ مِنَ الجنَّةِ، وَتَركْتُ البَابَ مُوَاربًا.

كَانَ الشَّيطَانُ خلفَ البَابِ، يُقَبِّلُ نَجمَةً.

عِنْدَ المَغِيبِ

هُوَ الحبُّ هَكَذَا يَأتي...

ثُمَّ يرحَلُ كَشَفَقٍ عِنْدَ المغِيبِ .

لَحْظَةٌ

مَعَكِ دَخَلتُ جَسَدَ الحِكَايَةِ.

مَعَكِ..

أَصبَحَ هَذَا الزَّمَنُ لَحظَةً هَارِبَةً.

مَنَافٍ

في مَنَافي الكتَابَةِ الحَارِقَةِ،

أَكتُبُ قَصِيدَةً، ثُمَّ أَجْرِي حَافِيًا

خَلفَ الحُرُوفِ....

أَسْرَارٌ

حِينَ نَلْتَقِي يَتَلعثَمُ الموجُ،
وَيجهَشُ البَحرُ بآخِرِ أَسْرَارِهِ.

صِرَاطٌ

كُلَّ العُشَّاقِ ضَالونَ،

حَتَّى يَهْتَدُوا إِلَى صِراطِ عَيْنَيْهَا..

هَدَايَا

حِينَ تَطِيرُ حَمَائِمُ الغُيُومِ،

أُقَدِّمُ ....

قَصَائِدِي هَدِيَّةً للمَطَرِ.

صَحْرَاءٌ

في أَقَاصِي وَجهِكِ، أَلمَحُ صَحرَاء
بِطُقُوسٍ بِدَائِيَّةٍ ...
وشَفَةً مُولَعَةً بالصَّمتِ .

حَرَائِقُ

مَنْ رَآني أَنَامُ عَلَى سُرَّتِهَا،

وَأُشْعِلُ حَرَائِقَ في السَّمَاءِ..؟

قَالتْ

قَالتْ :

يُحبُّني،

وَيُضَاجِعُ الأطيَافَ وَذَاتَ عِشْقٍ، هَزَّني

قَالَتْ ....

شَفَةٌ

قَالتْ: مَا الغَيْمُ ؟

قُلتُ : شَفَتَاكِ المُعَطَّلتَانِ عَنِ الرَّذَاذِ .

احْتِرَاقٌ

أقِفُ عَلَى حَافَةِ القَمَرِ.

ألمَسُ الشَّمْسَ المشْتَعِلةَ بِيَدِي.

لكِنّي أخَافُ أنْ تَحْتَرِقَ أصَابِعِي...

دِفْءٌ

أَخَبِّئُ الشِّتَاءَ في مِعْطَفي،

وأَضُمُّكِ..

كَيْ يُدْفِئَني الصَّقِيعُ.

شَالهَا

قَبَّلتُهَا..

فَنَزَلَ القَمَرُ مِنَ السَّمَاءِ،

لِيَلتَقِطَ شَالهَا...

فَوقَ خَدِّهَا

أَيُّهَا المُرَابِطُونَ فَوقَ خَدِّهَا،

اِحمِلُوا أمتِعَتَكُمْ .....

وانصَرِفُوا .

القَافِيَةُ

سَأَعُودُ إِلَيْكِ...

كَمَا يَعُودُ الطَّيرُ إِلَى القَافِيَةِ.

أينَمَا

أينَمَا ذَهَبْتُ..

أحْمِلُ عِبْءَ حَاجِبَيْكِ.

أمطَارٌ

لاَ شَيْءَ دَاخِلِي يُنذِرُ بِأَمْطَارٍ

ثَلجِيَّةٍ عَاصِفَةٍ...

غَيْرَ قَصِيدَةٍ جَمِيلةٍ .

أبْوابُ الجَنَّةِ

يَا مَعشَرَ الجِنِّ وَالإنْسِ،

مَازِلتُ أحِبُّهَا...

فَافتَحُوا أبوَابَ الجَنَّةِ لكلِّ العَاشِقِينَ.

النَّارُ

مَا أجمَلَ النَّارَ الّتِي عَلَى شَفَتَيكِ !

تحرقُنِي...

فَأُصبِحُ مِدَادًا لقَصَائِدِ العَاشِقِينَ.

فقطْ

هُوَ لمْ يرَ شَيئًا،

غيرَ تِلكَ الحَصَاةِ المرمِيَّةِ في آخِرِ السَّطْرِ.

لاَ تنْسَ أنْ تكتُبَهَا.

فَقَطْ ...أنْ تَكتُبَهَا.

سَهوٌ

وَيحَكِ...

كيفَ تتركِينَ قُبُلاتِي مَرمِيَّةً عَلى خَدَيْكِ

وتنَامِينَ..؟

تَفَاصِيلُ

حِينَ أَفِيقُ صَبَاحًا،

لاَ أَرَتِّبُ وَجْهِي، بَلْ أَتْرُكُ

تَفَاصِيلي للمَاءِ......

إبحَارٌ

تِلكَ المرأَةُ، قُولُوا لهَا:

إنْ سِرتِ في دَمِي، فأبحِرِي بِلطفٍ،

....

فَجَسَدِي أمَّارٌ بِالسُّؤَالِ.

صُرَاخٌ

أرجُوكِ.....

لملمي هَذَا الشَّبَق عَلَى جَسَدِكِ،

أَنَا لاَ أتَحَمَّلُ كُلَّ هَذَا الصُّرَاخِ.

الحُبُّ

الحُبُّ هُوَ أنْ احتَسِيَ قَهوَةً عَلَى خدِّكِ،

نكِايَةً بِكُلِّ اليَاسَمِينِ

....

لَحْظَةُ عِنَاقٍ

أَنْ يَغْتَالِنِي نَهْدَاكِ لَحْظَةَ عِنَاقٍ،

هَذَا هُوَ الحُبُّ تَحْدِيدًا....

بَقَايَا البُنِّ

لاَ شَيْءَ في الغُرْفَةِ يُخْبِرُني عَنْكِ،

غَيرَ....

أَحْمَرِ الشِّفَاهِ عَلَى حَافَةِ الفِنجَانِ،

وَبَقَايَا البُنِّ اليَتِيمِ.

قَطْرَةٌ

عَلَى شَفَتَيكِ يَطْرُدُني الحَنِينُ،

فَأَنَامُ وَحِيدًا في قَطْرَةِ غِيَابٍ

....

لَمْسَةٌ

النَّبْعُ الّذِي يَرتَاحُ في عَينَيكِ،

أُمَرِّرُ يَدِي عَلَيهِ بِلَمسَةِ الغُرَبَاءِ،

وَأُعِيدُ كِتَابَتَهُ بِأَلفِ طَرِيقَةٍ

حَتَّى يَغمِسَني في الضِّيَاءِ ..

عَودَةٌ

كَلَحظَةِ عِشْقٍ لاَ تُطَاقُ،

أعُودُ إلى أصَابِعكِ مُثقَلاً بِالعَتَمةِ ...

أَحْلاَمٌ خَجُولَةٌ

مَازِلتُ أَفتَحُ بَابَ اللّغَةِ،

لأُغَازِلَ الأَحْلاَمَ الخَجُولَةَ...

أَصَابِعُ

مَازِلتُ أَلْعَقُ أَصَابِعِي كُلَّ صَبَاحٍ،

وَأَتَرَدَّدُ أَلْفَ مَرَّةٍ قَبْلَ أَنْ أَغْمِسَ الرِّيحَ

فِي يَدَيكِ..

حَبلُ الكَلاَمِ

عَلَى حَافَةِ قَصِيدَةٍ،

أقفُ ممسِكًا حَبْلَ الكَلاَمِ...

حَتَّى لَا يفلُتَ حبْلُ البَيَاضِ مِنْ يَدِي.

فَتحي ساسي

هو شاعر ومترجم من مواليد غرّة جوان بمدينة نابل بالجمهورية
التونسية سنة 1962

* يكتب غالبا قصيدة النّثر والومضة وقصيدة الهايكو.

* شارك في العديد من الملتقيات الأدبيّة والوطنيّة

* عضو اتحاد الكتّاب التّونسيين

* عضو في نادي الإبداع الأدبي بدار الثّقافة بسوسة

*كتب في العديد من الأنطولوجيات في كلّ أنحاء العالم ونشر في مجلات عالمية مختلفة.

إصدارات شعريّة:

1- ديوانه الأوّل بعنوان: بذرة عشق بدار البراق المنستير في 2010

2- بعنوان: أحلم... وأوقّع على العصافير آخر الكلمات بدار البراق بالمنستير في 2013

3- في دار أروقة المصريّة في 2016 : سماء لطائر غريب (طبعة أولى)

طبعة ثانيّة في سبتمبر 2018 لهذا الكتاب في دار ميّارة للنّشر

4- في مصر في مارس 2017: كوردة وحيدة...على مقعد في دار بورصة للنّشر.

5- أفريل 2018 في مصر : كنت أعلّق وجهي خلف الباب كذلك في دار بورصة للنّشر.

6- في أفريل 2019 في دار وشمة للنّشر : طريقة جديدة للغياب.

الأَعْمَالُ الّتي ترجمتها إِلَى العَرَبِيَّةِ:

1- كتاب (قصائد للظّلال) نشر في مصر في دار بتانة للشّاعرة التركية كرهان هلال.

2- مختارات للشّاعر اليونانيّ مانوليس ألكيزاكيس (قصيدة لأفروديت) نشر في مصر في أفريل 2018

3- ترجمة لمجموعة قصائد في كتاب مترجم لخمسة لغات للشّاعر الأمريكي س. بودان تحت عنوان

(God's silence a lion's roar) في جوان2018

أعْمَالِي الّتي ترجمتها إِلَى الإنْجِلِيزِيَّةِ

1- كتاب مترجم في الومضة نشر في كندا في موفى شهر ماي2017 من النّسخة العربية وأنت القصيدة كلّها.

(AND YOU ARE THE ENTIRE POEM)

2- كتاب مترجم في الومضة (قل للفراشات أعيدوا لي أجنحتي) نشر في كندا في جويلية 2018

(wings and butterflies)

3- كتاب مترجم في الومضة نشر في زمبابوي (رميت نجمة في كأس من النّبيذ) في جويلية 2018.

(I throw a star in wine glass)

4- كتاب مترجم لكتابي الخامس (كنت أعلّق وجهي خلف الباب)شر في كندا في شهر جويلية2019

(I used to hang my face behind the door)

5- - كتاب مترجم لكتابي الشّعري في الومضة (غيوم على قصائدي)شر في انجلترا في أكتوبر2019

(Clouds on my poems)

ما ترجم لـي

1- كتاب مترجم للفرنسيّة لكتابي الثّالث للمترجم والأَكاديمي منير السّرحاني في دار الأرماتون بفرنسا في

أفريل 2018 (Un ciel pour un oiseau étranger)

2- مخطوط شعريّ مترجم لثلاثة لغات للفرنسية والانجليزية (كلّ هذا الكون وجه حبيبتي)

عن دار ميّارة للنّشر في أكتوبر 2018

3- مخطوط شعريّ مترجم من العربية إلى الانجليزية للمترجمة منية الزّغيدي لكتابي الشّعري

(And your love comes like a poem shadow)

(وحبّكِ يأتي كظلّ قصيدة) في أكتوبر2019 نشر في دار لولو بفرنسا.

4- مخطوط شعريّ مترجم من العربية إلى الفرنسيّة للشّاعر والمترجم محمد الصّغير القاسمي لكتابي

الشّعري (قل للفراشات) نشر في دار إيدليفر بفرنسا في 2019.نوفمبر(Dis aux papillons)

5- مختارات من قصائدي في مجموعتي الشّعريّة الخامسة مترجمة إلى الاسبانية عن طريق الشّاعر

البرازيلي ايرينو دي كوريبا نشر ورقيا والكترونيا في أمازون في مارس 2020.

شكرا للقمر الّذي يضيء شرفتي كلّ ليلة

......

Publisher's list

If you have enjoyed فتحي ساسي consider these other fine books from Mwanaka Media and Publishing:

Cultural Hybridity and Fixity by Andrew Nyongesa
The Water Cycle by Andrew Nyongesa
Tintinnabulation of Literary Theory by Andrew Nyongesa
I Threw a Star in a Wine Glass by Fethi Sassi
South Africa and United Nations Peacekeeping Offensive Operations by Antonio Garcia
Africanization and Americanization Anthology Volume 1, Searching for Interracial, Interstitial, Intersectional and Interstates Meeting Spaces, Africa Vs North America by Tendai R Mwanaka
A Conversation…, A Contact by Tendai Rinos Mwanaka
A Dark Energy by Tendai Rinos Mwanaka
Africa, UK and Ireland: Writing Politics and Knowledge Production Vol 1 by Tendai R Mwanaka
Best New African Poets 2017 Anthology by Tendai R Mwanaka and Daniel Da Purificacao
Keys in the River: New and Collected Stories by Tendai Rinos Mwanaka
Logbook Written by a Drifter by Tendai Rinos Mwanaka
Mad Bob Republic: Bloodlines, Bile and a Crying Child by Tendai Rinos Mwanaka
How The Twins Grew Up/Makurire Akaita Mapatya by Milutin Djurickovic and Tendai Rinos Mwanaka
Writing Language, Culture and Development, Africa Vs Asia Vol 1 by Tendai R Mwanaka, Wanjohi wa Makokha and Upal Deb
Zimbolicious Poetry Vol 1 by Tendai R Mwanaka and Edward Dzonze

Zimbolicious: An Anthology of Zimbabwean Literature and Arts, Vol 3 by Tendai Mwanaka

Under The Steel Yoke by Jabulani Mzinyathi

A Case of Love and Hate by Chenjerai Mhondera

Epochs of Morning Light by Elena Botts

Fly in a Beehive by Thato Tshukudu

Bounding for Light by Richard Mbuthia

White Man Walking by John Eppel

A Cat and Mouse Affair by Bruno Shora

Sentiments by Jackson Matimba

Best New African Poets 2018 Anthology by Tendai R Mwanaka and Nsah Mala

Drawing Without Licence by Tendai R Mwanaka

Writing Grandmothers/ Escribiendo sobre nuestras raíces: Africa Vs Latin America Vol 2 by Tendai R Mwanaka and Felix Rodriguez

The Scholarship Girl by Abigail George

Words That Matter by Gerry Sikazwe

The Gods Sleep Through It by Wonder Guchu

The Ungendered by Delia Watterson

The Big Noise and Other Noises by Christopher Kudyahakudadirwe

Tiny Human Protection Agency by Megan Landman

Soon to be released

Ghetto Symphony by Mandla Mavolwane

Sky for a Foreign Bird by Fethi Sassi

Of Bloom Smoke by Abigail George

Denga reshiri yokunze kwenyika by Fethi Sassi

A Portrait of Defiance by Tendai Rinos Mwanaka

Nationalism: (Mis)Understanding   Donald Trump's Capitalism, Racism, Global Politics, International Trade and Media Wars, Africa Vs North America Vol 2 by Tendai R Mwanaka

Ashes by Ken Weene and Umar O. Abdul

Ouafa and Thawra: About a Lover From Tunisia by Arturo Desimone

Thoughts Hunt The Loves/Pfungwa Dzinovhima Vadiwa by Jeton Kelmendi

When Escape Becomes the only Lover by Tendai R Mwanaka

A Letter to the President by Mbizo Chirasha:

Litany of a Foreign Wife by Nnane Ntube

Righteous Indignation by Jabulani Mzinyathi:

Hurombo Hwayo Mhembwe by Tawanda Chigavazira:

Notes From a Modern Chimurenga: New and Collected Stories by Tendai Rinos Mwanaka:

Tom Boy by Megan Landman

My Spiritual Journey: A Study of the Emerald Tablets by Jonathan Thompson

https://facebook.com/MwanakaMediaAndPublishing/

126

Printed in the United States
By Bookmasters